Lb 49/229.

SITUATION
DES FINANCES.

DE L'IMPRIMERIE DE PLASSAN, RUE DE VAUGIRARD, N° 15,
DERRIÈRE L'ODÉON.

SITUATION
DES FINANCES

SUIVANT

LE SYSTÈME

adopté par le Ministère des finances et celui opposé à ce Ministère.

Par le sieur TOURREIL,

EX-CHEF DE COMPTABILITÉ DES FINANCES DANS LE GOUVERNEMENT DES ILES IONIENNES.

PARIS,
CHEZ LES PRINCIPAUX LIBRAIRES.
1825.

CHAPITRE PREMIER.

SITUATION DES FINANCES

SUIVANT

LE SYSTÈME ADOPTÉ PAR LE MINISTÈRE DES FINANCES.

BUDGET DES RECETTES GÉNÉRALES DE L'EXERCICE 1825.

DÉSIGNATION DES REVENUS ET IMPOTS.	PRODUITS BRUTS PRÉSUMÉS	TOTAL PAR NATURE D'IMPOTS	OBSERVATIONS.
ENREGISTREMENT. Timbre, Domaines et Produits accessoires des forêts.		271,000,000	
EAUX ET FORÊTS. Coupes de bois de l'ordinaire de 1825.		20,000,000	
DOUANE ET SELS. { Droits de douane et de navigation, et Recettes accidentelles.	84,000,000		
Droits sur les sels.	53,000,000	138,600,000	Recette fictive. Le gouvernement en a fait l'abandon au personnel des douanes.
Produits présumés des amendes et confiscations attribuées.	1,600,000		
CONTRIBUTIONS INDIRECTES. { Droits généraux.	135,200,000		
Vente des Tabacs.	65,000,000		
Vente des Poudres à feu.	3,800,000	205,800,000	
Recouvrement d'avances.	900,000		Recette fictive pour Mémoire.
Produits des amendes et confiscations, *portion attribuée.*	900,000		Recette fictive. Même observation que pour le personnel des douanes.
POSTES. Recettes générales.		25,550,000	
LOTERIES. Recettes générales.		17,300,000	
VILLE DE PARIS. Versement au Trésor, en vertu de la loi du 19 juillet 1820, *produit des jeux.*		5,500,000	
PRODUITS DIVERS. { Salines de l'Est.	2,400,000		
Produits de l'Inde.	1,000,000	6,800,000	
Recettes de diverses origines.	3,400,000		
CONTRIBUTIONS DIRECTES. { Principal et Centimes additionnels.	298,740,385	311,160,385	
Centimes de perception.	12,420,000		
Total général fr.		899,510,385	

Suivant le détail ci-dessus, les Recettes générales présumées s'élèvent, pour l'Exercice de 1825, à la somme de huit cent quatre-vingt-dix-neuf millions cinq cent dix mille trois cent quatre-vingt-trois francs.

BUDGET DES DÉPENSES GÉNÉRALES PROPRES A L'EXERCICE 1825.

LISTE CIVILE.	Le Roi.	25,000,000	
	La Famille royale, apanage aux princes et princesses.	7,000,000	38,000,000
	Frais d'obsèques du feu Roi et ceux du sacre du Roi régnant.	6,000,000	
JUSTICE.	Service ordinaire.	15,925,092	18,445,092
	Frais de justice.	2,520,000	
AFFAIRES ÉTRANGÈRES.			7,815,000
INTÉRIEUR.	Administrations centrales et Dépenses secrètes de police générale.	3,665,000	117,000,000
	Cultes.	26,235,000	
	Services divers d'utilité publique.	11,768,000	
	Travaux publics.	38,962,278	
	Dépenses départementales. Fixes (centimes 2/7, centralisés au Trésor).	12,551,004	
	Variables (12 centimes 1/2, dont 5 en fonds commun).	22,099,782	
	Secours pour grêle, incendie et autres cas fortuits.	1,818,986	
GUERRE.	Service actif.	183,627,000	190,000,000
	Dépenses temporaires.	6,373,000	
MARINE.	Service général.	55,000,000	60,000,000
	Colonies.	5,000,000	
	Dette viagère. civiles.	1,750,000	91,000,000
	militaires.	49,600,000	
	Pensions. ecclésiastiques.	7,450,000	61,675,025
	Donataires dépossédés.	1,600,000	
	Supplément aux fonds de retenues de divers Ministères.	1,275,025	
	Intérêts des cautionnemens.		10,000,000
	Frais de service et de trésorerie.	2,800,000	
FINANCES.	Frais de service Intérêts de la dette flottante, Escompte et Frais de négociations.	Mémoire.	101,126,525
	et de négociations. Bonifications aux Receveurs-généraux et particuliers des finances sur les anticipations de versemens de contributions directes.	5,400,000	
	Intérêts, Lots et Primes, des annuités émises en remboursement du premier 1/3 de la dette arriérée de 1810 à 1816, et Frais inhérens à ce mode de remboursement	2,600,000	
	Chambre des Pairs.	Mémoire.	
	Chambre des Députés.	2,000,000	
	Légion-d'Honneur, supplément à sa dotation.	800,000	
	Cour des Comptes.	3,400,000	
	Administration des monnaies (y compris 422,570 fr. pour refonte d'espèces).	1,256,500	
	Cadastre, fonds commun.	1,000,000	
	Service administratif du Ministère.	5,497,000	
	Total du service général.		**532,386,417**

On a déduit, sur le service général de la marine, une somme de six millions ; il importe à notre commerce extérieur que cette somme soit rétablie en 1826 et les exercices suivans : nous avons en conséquence compris cette somme en dépense dans tous les exercices que comprend la situation générale des finances.

ADMINISTRATIONS FINANCIÈRES.

FRAIS DE RÉGIE, DE PERCEPTION, D'EXPLOITATION, NON VALEURS, ETC.

ENREGISTREMENT ET DOMAINES.		11,576,000	
FORÊTS. { Frais administratifs.	2,980,500	5,318,000	
{ Avances à charge de remboursement (frais de poursuite et frais d'arpentage).	2,337,500		
DOUANE ET SELS. { Frais d'administration et de perception.	23,212,500	25,558,500	Dépenses d'ordre pour Mémoire.
{ Remise de 2 pour 100 sur l'impôt du sel.	744,000		
{ Prélèvement sur le produit des amendes et confiscations attribuées.	1,600,000		
CONTRIBUTIONS { Frais d'administration et de perception.	20,000,000		Dépenses d'ordre pour Mémoire.
INDIRECTES. { Exploitation des Tabacs.	24,000,000	47,705,000	
{ Exploitation et Vente des Poudres à feu.	2,135,000		
{ Prélèvement sur le produit des amendes.	909,000		
{ Avances à charge de remboursement.	670,000		
POSTES. Dépenses de toute nature.		12,669,000	
LOTERIES. { Frais d'administration.	1,475,000	4,535,000	Dépenses d'ordre pour Mémoire.
{ Remise de 6 pour 100 aux Receveurs buralistes.	3,060,000		Dépenses d'ordre pour Mémoire.
CONTRIBUTIONS { Non valeurs des quatre contributions directes.	5,503,678	21,023,678	
DIRECTES. { Dépenses des Directions des contributions directes dans les départemens.	3,500,000		
{ Frais de perception.	12,420,000		
TAXATIONS aux Receveurs-généraux et particuliers sur l'Impôt indirect et les Recettes diverses.		1,200,000	

| 127,571,978 |

REMBOURSEMENS ET RESTITUTIONS POUR TROP PERÇU ET PAIEMENS DE PRIMES A L'EXPORTATION.

FINANCES (Ministère de). 200,000

ADMINISTRATIONS FINANCIÈRES.

ENREGISTREMENT, TIMBRE, DOMAINES ET FORÊTS.	1,325,000	
DOUANE ET SELS (y compris 2,500,000 francs pour primes à l'exportation).	4,050,000	5,889,000
CONTRIBUTIONS INDIRECTES.	174,000	
POSTES.	340,000	

6,089,000

Total général des frais de régie, de perception, d'exploitation, de non valeurs, etc., fr. 135,460,978

BUDGET DE LA DETTE CONSOLIDÉE ET DE L'AMORTISSEMENT,
EXERCICE 1825.

Intérêts des 5 pour 100 consolidés des Rentes à servir en 1825, pour les deux semestres, aux échéances des 22 mars et 22 septembre, francs.........	197,085,785
Intérêts des 3 pour 100 des Rentes accordées à titre d'indemnité; à servir en 1825, pour le semestre à l'échéance du 22 décembre, francs....	3,000,000
Total des Intérêts à payer pendant 1825, francs...........	200,085,785
Dotation de la Caisse d'Amortissement, francs.....................	40,000,000
Total de la Dette consolidée et de l'Amortissement, francs..	240,085,785

RÉCAPITULATION DES DÉPENSES.

Service général, francs...........................	532,386,417	⎫ 665,847,395
Frais de Régie, d'Exploitation, de Perception, etc., francs.	133,460,978	⎭
Dette consolidée et Amortissement, francs................		240,085,785
Total général des Dépenses propres à l'exercice 1825, francs.		905,933,180

BALANCE COMPARATIVE.

Les Recettes générales présumées s'élèvent à francs................	899,510,383
Les Dépenses générales à francs.............................	905,933,180
D'où il résulte, sur l'exercice 1825, un déficit présumé de francs......	6,422,797

Il ne suffit pas d'avoir présenté, suivant le système adopté par le Ministère, la situation des finances pendant l'exercice 1825, il faut, pour obtenir le résultat que nous nous sommes proposé, présenter sommairement les situations présumées des exercices 1826, 1827, 1828, 1829 et 1830, époque à laquelle sera terminée la première session septennale et l'émission totale des 30 millions de rentes 3 pour 100, accordés à titre d'indemnité.

SITUATIONS SOMMAIRES

DES RECETTES ET DÉPENSES GÉNÉRALES PRÉSUMÉES DES EXERCICES 1826, 1827, 1828, 1829 ET 1830.

RECETTES GÉNÉRALES PRÉSUMÉES.

Les Recettes générales présumées pendant l'exercice 1825 s'élèvent, suivant le Budget, à la somme de francs.................................... 899,510,383

On doit considérer cette somme énorme comme le maximum des Revenus et Impôts que la France peut payer chaque année : nous l'adoptions pour base des Recettes générales présumées des exercices 1826, 1827, 1828, 1829 et 1830, avec d'autant plus de raison qu'il serait, sinon impossible, du moins très-difficile, de les augmenter proportionnellement à l'émission des Rentes accordées à titre d'indemnité.

DÉPENSES GÉNÉRALES PRÉSUMÉES.

Nous adopterons également pour base des Dépenses générales présumées des exercices 1826, 1827, 1828, 1829 et 1830, celles comprises aux Budgets de l'exercice 1825, comme propres à tous ces exercices. Nous ajouterons aux Budgets de la Dette consolidée (de ces mêmes exercices) les augmentations et dépenses qui résulteront de l'émission proportionnelle des 30 millions de rentes 3 pour 100, à titre d'indemnité. Par ce moyen, nous obtiendrons le résultat des Dépenses générales présumées jusqu'au 31 décembre 1830.

EXERCICE 1826.

Service général des Ministères, francs.............. 532,586,417 }
Frais de Régie, de Perception, d'Exploitation, etc., fr... 133,460,978 } 665,847,395

Dette consolidée et d'Amortissement.

Intérêts des 5 pour 100 pour les deux semestres, francs.. 197,085,785 }
———des 3 p. 100 { 1ᵉʳ 5ᵐᵉ, 2 semestres...... 6,000,000 } 9,000,000 } 246,085,785
{ 2ᵐᵉ 5ᵐᵉ, 1 ——————...... 3,000,000 }
Dotation de la Caisse d'Amortissement, francs.......... 40,000,000 }

Total général des Dépenses présumées pendant 1826, francs.... 911,933,180

EXERCICE 1827.

Service général des Ministères, francs. . . . . 532,386,417 ⎫
Frais de Régie, de Perception, d'Exploitation, etc., fr. . .   133,460,978 ⎬ 665,847,395

Dette consolidée et d'Amortissement.

Intérêts des 5 pour 100 consolidés, pour les 2 semestres, fr. 197,085,785 ⎫
——— des 3 pour 100 ⎧ 1ᵉʳ 5ᵐᵉ, 2 semestres. . . . 6,000,000 ⎫
⎨ 2ᵐᵉ 5ᵐᵉ, ——————. . . . 6,000,000 ⎬ 15,000,000 ⎬ 252,085,785
⎩ 3ᵐᵉ 5ᵐᵉ, 1 semestre. . . . 3,000,000 ⎭
Dotation de la Caisse d'Amortissement, francs. . . . .   40,000,000 ⎭

Total général des Dépenses présumées pendant 1827, francs. . . 917,933,180

EXERCICE 1828.

Service général des Ministères, francs. . . . . 532,386,417 ⎫
Frais de Régie, de Perception, d'Exploitation, etc., fr. . .   133,460,978 ⎬ 665,847,395

Dette consolidée et d'Amortissement.

Intérêts des 5 pour 100 consolidés, pour les 2 semestres, fr. 197,085,785 ⎫
——— des 3 pour 100 ⎧ 1ᵉʳ 5ᵐᵉ, 2 semestres. . . . 6,000,000 ⎫
⎪ 2ᵐᵉ 5ᵐᵉ, ——————. . . . 6,000,000 ⎪
⎨ 3ᵐᵉ 5ᵐᵉ, ——————. . . . 6,000,000 ⎬ 21,000,000 ⎬ 258,085,785
⎩ 4ᵐᵉ 5ᵐᵉ, 1 semestre. . . . 3,000,000 ⎭
Dotation de la Caisse d'Amortissement, francs. . . . .   40,000,000 ⎭

Total général des Dépenses présumées pendant 1828, francs. . . 923,933,180

EXERCICE 1829.

Service général des Ministères, francs. . . . . 532,386,417 ⎫
Frais de Régie, de Perception, d'Exploitation, etc., fr. . .   133,460,978 ⎬ 665,847,395

Dette consolidée et d'Amortissement.

Intérêts des 5 pour 100 consolidés, pour les 2 semestres, fr. 197,085,785 ⎫
——— des 3 pour 100 ⎧ 1ᵉʳ 5ᵐᵉ, 2 semestres. . . . 6,000,000 ⎫
⎪ 2ᵐᵉ 5ᵐᵉ, ——————. . . . 6,000,000 ⎪
⎪ 3ᵐᵉ 5ᵐᵉ, ——————. . . . 6,000,000 ⎬ 27,000,000 ⎬ 264,085,785
⎪ 4ᵐᵉ 5ᵐᵉ, ——————. . . . 6,000,000 ⎪
⎩ 5ᵉʳ 5ᵐᵉ, 1 semestre. . . . 3,000,000 ⎭
Dotation de la Caisse d'Amortissement, francs. . . . .   40,000,000 ⎭

Total général des Dépenses présumées pendant 1829, francs. . . 929,933,180

EXERCICE 1830.

Service général des Ministères, francs.................. 552,386,417 ⎫
Frais de Régie, de Perception, d'Exploitation, etc., fr.... 133,458,978 ⎬ 665,847,595

Dette consolidée et d'Amortissement.

Intérêts des 5 pour 100 pour les 2 semestres, francs..... 197,085,785 ⎫
——— des 3 pour 100 a titre d'indemnité, *idem*, fr..... 30,000,000 ⎬ 267,085,785
Dotation de la Caisse d'Amortissement, francs.......... 40,000,000 ⎭

Total général des Dépenses présumées pendant 1830, fr....... 932,933,180

RÉCAPITULATION DES DÉPENSES GÉNÉRALES
(DÉDUCTION DU RACHAT PRÉSUMÉ DES RENTES 3 POUR 100.)

EXERCICES.	MONTANT DES		RESTE en	OBSERVATIONS.
	DÉPENSES generales presumees	RACHATS PRESUMÉS des rentes a déduire.	DÉPENSES generales presumées	
1825	905,933,180	» » »	905,933,180	
1826	911,933,180	2,890,717	909,042,463	
1827	917,933,180	2,855,029	915,078,151	
1828	923,933,180	2,820,212	921,112,968	
1829	929,933,180	2,786,233	927,146,947	
1830	932,933,190	2,750,064	930,180,116	
TOTAUX....	5,522,599,080	14,105,255	5,508,493,825	

RÉCAPITULATION DES RECETTES ET DÉPENSES GÉNÉRALES
PRÉSUMÉES PENDANT LES

EXERCICES.	RECETTES generales.	DÉPENSES générales.	DÉFICIT.	OBSERVATIONS.
1825	899,510,383	905,933,160	6,422,797	
1826	899,510,383	909,042,463	9,532,080	
1827	899,510,833	915,078,151	15,567,768	
1828	899,510,383	921,112,968	21,602,585	
1829	899,510,383	927,146,947	27,636,564	
1830	899,510,383	930,180,116	30,669.733	
TOTAUX....	5,397,062,298	5,508,493,825	111,431,527	

D'où il résulte un Déficit présumé de francs.................... 111,431,527

suivant le système adopté par le Ministre des finances.

CAISSE D'AMORTISSEMENT.

TABLE N° I.

DES DOTATIONS DE LA CAISSE D'AMORTISSEMENT, SERVANT A FAIRE CONNAITRE LE RACHAT PRÉSUMÉ DES RENTES PENDANT LES EXERCICES 1825, 1826, 1827, 1828, 1829 ET 1830.

EXERCICES.	SOMMES affectées à la Caisse d'Amortissement, provenant		TOTAL de la DOTATION par exercice.	'COURS présumé de la Rente à son émission	MONTANT présumé du rachat des Rentes 3 pour 100.	OBSERVATIONS.
	des Rentes 5 pour 100 acquises par cette caisse	de la fixation aux Budgets.	3 POUR 100 ACCORDÉS A TITRE D'INDEMNITÉ.			
1825	37,085,785	40,000,000	77,085,785	80	2,890,717	Cette Table presente l'exécution des articles 1er et 3 du projet de loi relatif aux Rentes.
1826	37,085,785	40,000,000	77,085,785	81	2,855,029	
1827	37,085,785	40,000,000	77,085,785	82	2,820,212	
1828	37,085,785	40,000,000	77,085,785	83	2,786,233	
1829	37,085,785	40,000,000	77,085,785	84	2,753,064	
1830	37,085,785	40,000,000	77,085,785	85	2,720,675	
TOTAUX.	222,514,710	240,000,000	462,514,710	» »	16,825,930	

TABLE N° II.

DES RENTES DE TOUTE NATURE.

EXERCICES.	MONTANT des DOTATIONS.	MONTANT des sommes afférentes aux		COURS présumé des Rentes.	MONTANT des rachats présumés des Rentes.		TOTAL par chaque exercice.
		5 pour 100.	3 pour 100.		5 pour 100	3 pour 100	
1825	77,085,785	72,551,327 /	.... / 4,534,458	105 / 80	3,454,825 /	.... / 170,042	3,624,867
1826	77,085,785	68,520,678 /	.... / 8,565,107	106 / 81	3,232,107 /	.... / 317,226	3,549,333
1827	77,085,785	64,914,345 /	.... / 12,171,440	107 / 82	3,033,380 /	.... / 445,296	3,478,676
1828	77,085,785	61,668,628 /	.... / 15,417,157	108 / 83	2,855,029 /	.... / 557,247	3,412,276
1829	77,085,785	58,732,027 /	.... / 18,353,758	109 / 84	2,694,129 /	.... / 655,491	3,349,620
1830	77,085,785	58,732,027 /	.... / 18,353,758	110 / 85	2,669,637 /	.... / 647,780	3,317,417
TOTAUX.	462,514,710	385,119,032	77,595,678	» »	17,939,107	2,793,082	20,732,189
		462,514,710			20,932,189		

BALANCE COMPARATIVE.

Suivant la Table n° Ier, le rachat présumé des Rentes 3 pour 100, accordés à titre d'indemnité, s'élève à la somme de francs............................ 16,825,930

Suivant la Table n° II, le rachat présumé des Rentes de toute nature s'élève à la somme de francs... 20,732,189

D'où il résulte, suivant le système adopté par le Ministre des finances, une différence en moins de francs.................................... 3,906,259

Laquelle somme de 3,906,259 fr. de Rente représente un capital de 87,157,710 fr. en perte pour l'État; somme énorme, si l'on considère qu'elle résulte de 462,514,710 fr., montant des Dotations affectées pendant six ans à la Caisse d'Amortissement.

RÉSUMÉ

DU SYSTÈME ADOPTÉ PAR LE MINISTRE DES FINANCES.

Suivant la situation générale des Finances que nous avons établie, suivant le système adopté par le Ministre des finances, le déficit présumé s'élève, sur les exercices 1825, 1826, 1827, 1828, 1829 et 1830, à la somme de francs.... 111,431,527

Suivant la Table de l'Amortissement présumé des Rentes de toute nature, la perte présumée s'élève, suivant le système adopté par le Ministre des finances, sur ces mêmes exercices, à la somme de 3,906,259 fr. de Rente, représentant un capital de francs.................... 87,157,710

Si à cette somme de (198,589,237) francs........................ 198,589,237
nous ajoutons l'excédant de Recette, résultant du système opposé au Ministre des finances, et qui s'élève à la somme de francs........ 48,273,636

il résultera, dans l'espace de six ans, une perte énorme de........ 246,862,873

au détriment de l'industrie agricole et manufacturière, sans le moindre avantage pour la Monarchie.

Quel sujet de réflexions pour les hommes d'état !

CHAPITRE II.

SITUATION DES FINANCES

SUIVANT

LE SYSTÈME OPPOSÉ AU MINISTÈRE DES FINANCES.

CAISSE D'AMORTISSEMENT.

LIQUIDATION SIMULÉE DE CETTE CAISSE.

Suivant le Budget de la Dette consolidée, les Rentes 5 pour 100 s'élevaient, au 1ᵉʳ janvier 1825, à la somme de francs............................ 197,085,785

Suivant la situation que nous avons établie avec toute l'attention dont nous sommes susceptibles, en prenant pour base de nos calculs la dernière situation de la Caisse d'Amortissement, il est plus que probable que les Rentes, amorties jusqu'au 22 mars 1825, excéderont la somme de francs.. 37,085,785

D'où il résulterait que les Rentes effectives ne s'élèveraient, pour l'exercice 1825, qu'à la somme de francs........................... 160,000,000

à servir pour les deux semestres, aux échéances des 22 mars et 22 septembre 1825.

Nous représenterons, par ce moyen, la situation rigoureuse des Finances à l'avènement de Charles X, notre bien aimé souverain, au trône de ses ancêtres, et nous prouverons, sans réplique, que le Ministre des finances, qui s'égare dans un cercle vicieux, pouvait, en adoptant notre système, et nonobstant l'émission progressive des 30 millions de rente 3 pour 100, accordés à titre d'indemnité, soulager de la somme de *dix millions par année* les contribuables fonciers, qui, depuis dix ans, succombent sous le poids énorme des contributions.

SITUATIONS SOMMAIRES

DES RECETTES ET DÉPENSES GÉNÉRALES PRÉSUMÉES DES EXERCICES 1825, 1826, 1827, 1828, 1829 ET 1830, SUIVANT LE SYSTÈME OPPOSÉ AU MINISTÈRE DES FINANCES.

RECETTES GÉNÉRALES.

Pour conserver l'harmonie des rapports, nous avons établi, pour tous les exercices, les Recettes générales suivant le système adopté par le Ministère des finances pour l'exercice 1825; elles s'élèvent, suivant le Budget de cet exercice, à la somme de francs. 899,510,383

DÉPENSES GÉNÉRALES.

Nous conserverons les mêmes rapports dans les Dépenses générales, à l'exception toutefois de la Dette consolidée et de la dotation de la Caisse d'Amortissement, que nous comprenons en Dépenses générales; savoir :

Les 5 pour 100 consolidés pour le montant des Rentes effectives existant au 22 mars 1825, et qui s'élèvent, suivant la situation que nous en avons établie, à la somme de francs. 160,000,000
Et la dotation de la Caisse d'Amortissement pour la somme de francs. . 50,000,000

EXERCICE 1825.

Service général des Ministères, francs. . . . . 532,386,417 } 665,847,395
Frais de Régie, de Perception, d'Exploitation, etc., fr. . . . 133,460,978 }

Dette consolidée et d'Amortissement.

Intérêts des 5 pour 100 consolidés pour les deux semestres, f. 160,000,000 ⎫
——— des 3 *idem*, à titre d'indemnité, 1ᵉʳ 5ᵐᵉ, 1ᵉʳ sem., f. 3,000,000 ⎬ 213,000,000
De la Dotation de la Caisse d'Amortissement. . . . . 50,000,000 ⎭

Total général des Dépenses propres à l'Exercice 1825, fr. 878,847,395

EXERCICE 1826.

Service général des Ministères, francs............... 532,386,417 ⎫ 665,847,395
Frais de Régie, de Perception, d'Exploitation, etc., fr... 133,460,978 ⎭

Dette consolidée et d'Amortissement.

Intérêts des 5 pour 100 pour les deux semestres, francs.. 160,000,000 ⎫
—— des 3 p. 100 { $1^{er}\ 5^{me}$, 2 semestres...... 6,000,000 } 9,000,000 ⎬ 219,000,000
{ $2^{me}\ 5^{me}$, 1 ——........ 3,000,000 }
Dotation de la Caisse d'Amortissement, francs.......... 50,000,000 ⎭

Total général des Dépenses présumées pendant 1826, francs.... 884,847,395

EXERCICE 1827.

Service général des Ministères, francs................ 532,386,417 ⎫ 665,847,395
Frais de Régie, de Perception, d'Exploitation, etc., fr... 133,460,978 ⎭

Dette consolidée et d'Amortissement.

Intérêts des 5 pour 100 consolidés, pour les 2 semestres, fr. 160,000,000 ⎫
{ $1^{er}\ 5^{me}$, 2 semestres.... 6,000,000 }
—— des 3 pour 100 { $2^{me}\ 5^{me}$, —— ——.... 6,000,000 } 15,000,000 ⎬ 225,000,000
{ $3^{me}\ 5^{me}$, 1 semestre.... 3,000,000 }
Dotation de la Caisse d'Amortissement, francs.......... 50,000,000 ⎭

Total général des Dépenses présumées pendant 1827, francs... 890,847,395

EXERCICE 1828.

Service général des Ministères, francs................ 532,386,417 ⎫ 665,847,395
Frais de Régie, de Perception, d'Exploitation, etc., fr... 133,460,978 ⎭

Dette consolidée et d'Amortissement.

Intérêts des 5 pour 100 consolidés, pour les 2 semestres, fr. 160,000,000 ⎫
{ $1^{er}\ 5^{me}$, 2 semestres.... 6,000,000 }
—— des 3 pour 100 { $2^{me}\ 5^{me}$, ——.... 6,000,000 } 21,000,000 ⎬ 231,000,000
{ $3^{me}\ 5^{me}$, ——.... 6,000,000 }
{ $4^{me}\ 5^{me}$, 1 semestre.... 3,000,000 }
Dotation de la Caisse d'Amortissement, francs.......... 50,000,000 ⎭

Total général des Dépenses présumées pendant 1828, francs... 896,847,395

EXERCICE 1829.

Service général des Ministères, francs.................. 532,386,417 ⎫ 665,847,395
Frais de Régie, de Perception, d'Exploitation, etc., fr... 133,460,978 ⎭

Dette consolidée et d'Amortissement.

Intérêts des 5 pour 100 consolidés, pour les 2 semestres, fr. 160,000,000
⎧ 1ᵉʳ 5ᵐᵉ, 2 semestres.... 6,000,000 ⎫
⎪ 2ᵐᵉ 5ᵐᵉ, ———————   .... 6,000,000 ⎪
——— des 3 pour 100 ⎨ 3ᵐᵉ 5ᵐᵉ, ———————   .... 6,000,000 ⎬ 27,000,000 237,000,000
⎪ 4ᵐᵉ 5ᵐᵉ, ———————   .... 6,000,000 ⎪
⎩ dᵉʳ 5ᵐᵉ, 1 semestre.... 3,000,000 ⎭
Dotation de la Caisse d'Amortissement, francs.......... 50,000,000

Total général des Dépenses présumées pendant 1829, francs... 902,847,395

EXERCICE 1830.

Service général des Ministères, francs.................. 532,386,417 ⎫ 665,847,395
Frais de Régie, de Perception, d'Exploitation, etc., fr... 133,460,978 ⎭

Dette consolidée et d'Amortissement.

Intérêts des 5 pour 100 consolidés, pour les 2 semestres, fr. 160,000,000 ⎫
——— des 3 pour 100 à titre d'indemnité, *idem*, fr..... 30,000,000 ⎬ 240,000,000
Dotation de la Caisse d'Amortissement, francs.......... 50,000,000 ⎭

Total général des Dépenses présumées pendant 1830, fr....... 905,847,395

RÉCAPITULATION DES DÉPENSES GÉNÉRALES
SUIVANT LE SYSTÈME OPPOSÉ AU MINISTÈRE DES FINANCES.

EXERCICES.	MONTANT DES		RESTE en DÉPENSES	OBSERVATIONS.
	DÉPENSES générales présumées	RACHATS PRÉSUMÉS des rentes à déduire.	générales présumées	
1825	878,847,395	» » » » » » » »	878,847,395	Suivant l'article 2 du projet de loi des Rentes, on a déduit, sur les Dépenses générales, les Rachats présumés des Rentes.
1826	884,847,395	2,351,190	882,496,205	
1827	890,847,395	2,302,195	888,545,200	
1828	896,847,395	2,256,367	894,591,028	
1829	902,847,395	2,213,298	900,654,097	
1830	905,847,395	2,172,658	903,674,737	
TOTAUX....	5,360,084,370	11,295,708	5,548,788,662	.

RÉCAPITULATION DES RECETTES ET DÉPENSES GÉNÉRALES
PRÉSUMÉES PENDANT LES

EXERCICES.	RECETTES présumées.	DÉPENSES présumées.	DIFFÉRENCE formant excedant de	
			Dépenses.	Recettes.
1825	899,510,383	878,847,395	20,662,988	» » » » » » »
1826	899,510,383	882,496,205	17,014,178	» » » » » » »
1827	899,510,383	888,545,200	10,965,183	» » » » » » »
1828	899,510,383	894,591,028	4,919,355	» » » » » » »
1829	899,510,383	900,634,097	» » » » » » »	1,123,714
1830	899,510,383	903,674,737	» » » » » » »	4,164,354
TOTAUX.....	5,397,062,298	5,348,788,662	53,561,704	5,288,068

BALANCE COMPARATIVE.

Les Recettes générales présumées s'élevant, sur tous les exercices, à la somme de francs... 5,397,062,298
Les Dépenses générales à celles de francs....................... 5,348,788,662

D'où il résulte un excédant de Recette de francs................. 48,273,636

Les excédans de Recettes, sur les exercices 1825, 1826, 1827 et 1828, s'élèvent à la somme de francs............................. 53,561,704
Les excédans de Dépenses, sur les exercices 1829 et 1830, s'élèvent à la somme de francs.. 5,288,068

D'où il résulte un excédant de Recette conforme, francs........... 48,273,636

Résultat bien important pour prouver combien est vicieux, dans toutes ses conséquences, le système adopté par le Ministère des finances.

CAISSE D'AMORTISSEMENT.

TABLE

DES DOTATIONS DE LA CAISSE D'AMORTISSEMENT, SERVANT A FAIRE CONNAITRE, SUIVANT LE SYSTÈME OPPOSÉ AU MINISTÈRE DES FINANCES, LE RACHAT PRÉSUMÉ DES RENTES PENDANT LES EXERCICES 1825, 1826, 1827, 1828, 1829 ET 1830.

EXERCICES.	MONTANT des DOTATIONS.	MONTANT des sommes afférentes aux		COURS présumé des Rentes.	MONTANT des rachats présumés des Rentes.		TOTAL par chaque exercice.
		5 pour 100.	3 pour 100.		5 pour 100	3 pour 100	
1825	50,000,000	47,058,823	2,941,177	105 / 80	2,240,896	110,294	2,351,190
1826	50,000,000	44,444,445	5,555,555	106 / 81	2,096,436	205,761	2,302,197
1827	50,000,000	42,105,263	7,894,737	107 / 82	1,967,535	288,832	2,256,367
1828	50,000,000	40,000,000	10,000,000	108 / 83	1,851,852	361,446	2,213,298
1829	50,000,000	38,095,236	11,904,764	109 / 84	1,747,488	425,170	2,172,658
1830	50,000,000	38,095,236	11,904,764	110 / 85	1,731,601	420,167	2,151,768
TOTAUX.	» »	249,799,003	50,200,997	» »	11,635,808	1,811,670	13,447,478
		300,000,000			13,447,476		

D'où il résulte un Rachat présumé de Rentes
sur les { 5 pour 100 de la somme de francs. 11,635,806
         { 3 pour 100 de la somme de francs. 1,811,670

Total du Rachat présumé au 31 décembre 1830, francs. 13,447,476

Le système que nous avons adopté, pour constater la situation générale des Recettes et Dépenses présumées, pendant les exercices 1825, 1826, 1827, 1828, 1829 et 1830, présente dans ces résultats un excédant de Recette, sur tous ces exercices, de la somme de francs............................... 48,273,636

Tandis que celui adopté par le Ministère des finances présente, ainsi que nous l'avons démontré, un déficit de la somme de francs............. 111,431,527

Il nous reste à comparer les Dépenses générales que comportent les deux systèmes, pour nous convaincre quel est celui qui, dans l'état actuel des choses, et lorsque le gouvernement paternel de Charles X vient de manifester, par un acte éclatant de justice, la puissante sollicitude qu'il accorde à la noble infortune, aggrave le moins possible la position des contribuables, et présente dans l'ensemble de ces résultats la situation des finances la plus satisfaisante.

BALANCE COMPARATIVE

DES DÉPENSES GÉNÉRALES PRÉSUMÉES SUIVANT LES DEUX SYSTÈMES.

EXERCICES.	DÉPENSES GÉNÉRALES présumées suivant le système		DIFFÉRENCE en plus suivant le système adopté par le Ministère des finances.	OBSERVATIONS.
	adopté par le Ministère des finances.	opposé au Ministère des finances.		
1825	905,933,180	878,847,395	27,085,785	
1826	909,042,463	882,496,205	26,546,258	
1827	915,078,151	888,545,200	26,532,951	
1828	921,112,968	894,591,028	26,521,940	
1829	927,146,947	900,634,097	26,512,850	
1830	930,180,116	903,674,737	26,505,379	
Totaux....	5,508,493,825	5,348,788,662	159,705,163	

D'où il résulte un excédant de Dépenses, sur les exercices 1825, 1826, 1827, 1828, 1829 et 1830, suivant le système adopté par le Ministère des finances, de la somme de francs................................ 159,705,163.

RÉSUMÉ GÉNÉRAL

ET PREUVE DE L'EXACTITUDE DES CALCULS.

De la Balance comparative des Dépenses générales présumées suivant les deux systèmes, il résulte un excédant de Dépenses, suivant le système adopté par le Ministre des finances, de la somme de francs............................ 159,705,163

De la Balance comparative des Tables de l'Amortissement présumé des Rentes, suivant les deux systèmes, il résulte, suivant le système proposé par le Ministre des finances, une perte présumée de la somme de 3,906,259 francs de Rente, représentant un capital de francs.. 87,157,710

Résultat parfaitement égal à celui que présente le Résumé du système adopté par le Ministère des finances, francs.................... 246,862,873

  Nos démonstrations sont aussi évidentes qu'il est possible de l'établir en matière de finances ; elles prouvent que des hommes d'état, quels que soient leurs talens, peuvent s'égarer, en adoptant des systèmes fondés sur des hypothèses, et compromettre la fortune publique.

  Nous accompagnerons de quelques réflexions les résultats importans que nous avons obtenus par la langue des calculs et les formes de la comptabilité.

OBSERVATIONS

RELATIVES

AU PROJET DE LOI DES RENTES.

Article IV.

« Les propriétaires d'Inscriptions des Rentes à 5 pour 100 sur l'État auront, à dater
» du jour de la publication de la présente loi, jusqu'au 22 juin 1825, la faculté d'en re-
» quérir du Ministre des finances la conversion en Inscriptions de Rentes à 3 pour 100,
» au taux de 75 francs, etc. »

Voilà, il faut en convenir, un excellent moyen pour opérer la réduction des Rentes 5 pour 100. Voyons succinctement quels en seront les effets.

Si vous opérez la conversion des Rentes 5 pour 100 en Inscriptions de Rentes à 3 pour 100 au taux de 75 francs, il est bien certain que, par l'effet de cette étrange conversion, vous réduirez cette Rente d'un cinquième, comme il est aussi certain que vous en augmenterez du tiers le capital nominal.

La proportion arithmétique suivante en est la démonstration rigoureuse.

Trois est à 100 comme 4 est à $133\frac{1}{3}$; d'où il faut conclure, pour être conséquent, que les 3 pour 100, à la façon du Ministre des finances, seront en principe des 3 pour 75, et par l'effet de cette conversion, si elle s'opère jamais, des 3 pour 100 supposés ou de convention.

Ensuite, si vous assimilez les 3 pour 100 supposés aux 3 pour 100 d'indemnité, ainsi que le fait pressentir implicitement l'article précité, la puissance d'action de l'Amortissement, agissant également sur les Rentes 3 pour 100 de toute nature, produira les mêmes effets en faveur des Rentes 3 pour 100 supposés que pour les Rentes 3 pour 100 accordées à titre d'indemnité; et cependant le capital de l'une sera au capital de l'autre comme 75 est à 100 : en d'autres termes, le capital nominal des Rentes 3 pour 100 supposés se composera de 75 francs, tandis que celui des Rentes 3 pour 100 d'indemnité se composera de 100 francs.

D'où il faut conclure que cette assimilation, si elle était admise, serait infiniment favorable aux Rentes 3 pour 100 supposés, et défavorable aux Rentes 3 pour 100 accordées à titre d'indemnité.

CAISSE D'AMORTISSEMENT.

EFFETS QUI RÉSULTENT DE SA PUISSANCE D'ACTION.

Art. III du projet de loi.

« A dater du 22 mars 1825, les sommes affectées à l'Amortissement ne pourront plus être employées au Rachat des fonds publics, dont le cours serait supérieur au pair. »

La puissance d'action de l'Amortissement agit de deux manières; elle agit par action simple et par action composée.

On appelle action simple la puissance d'action qui agit quand il n'y a qu'une seule nature de Rente, des 5 pour 100, et alors son action augmente ou diminue dans le rapport du cours de la Rente. Son action augmente si la Rente baisse; elle diminue si la Rente hausse : son action agit toujours en raison inverse.

On appelle action composée la puissance d'action qui agit sur plusieurs natures de Rentes, des 5 et des 3 pour 100, et alors son action augmente ou diminue dans le rapport du cours des Rentes. Son action augmente si les Rentes baissent; elle diminue si les Rentes augmentent : son action agit également en raison inverse.

La puissance d'action de l'Amortissement agit alors dans toute sa force, parce qu'elle est en équilibre ou équation.

Limiter la puissance d'action au pair des Rentes, c'est en affaiblir les effets. Son action alors diminue, quel que soit d'ailleurs le cours des Rentes, dans le rapport du cours de la Rente qui serait inférieur à la limite du pair, au cours de la Rente qui serait supérieur à cette limite.

La proportion arithmétique suivante en est une démonstration rigoureuse.

80 francs (cours présumé des Rentes 5 pour 100) sont à 5 comme 105 francs (cours présumé des Rentes 5 pour 100) sont à 3 francs 93 centimes $\frac{3}{4}$ de Rente 3 pour 100.

D'où il résulterait que la Caisse d'Amortissement, agissant sans limite avec la somme de 105 francs, amortirait 5 francs de Rente 5 pour 100; ci............ 5 fr. 00 c.

Tandis qu'agissant avec limite, elle n'amortirait, avec la même somme de 105 francs, que celle de 3 francs 93 centimes $\frac{1}{4}$ de Rente 3 pour 100; ci... 3　93$\frac{1}{4}$

D'où il résulterait une perte de francs........................ 1　6$\frac{3}{4}$

représentant un capital de 21 francs 25 centimes, somme vraiment considérable, si l'on considère qu'elle résulte de 5 francs de Rente 5 pour 100.

D'où il faudrait conclure que l'article 3 précité produirait un effet contraire à son esprit; c'est-à-dire qu'au lieu d'augmenter la puissance d'action de l'Amortissement, ainsi que l'a présumé le Ministre des finances, il l'affaiblit, à très-peu de chose près, dans le rapport de 4 à 5, d'un cinquième environ.

Il est donc presque évident que la Caisse d'Amortissement, avec une dotation de 77,085,785 francs, agissant sans aucune limite, le rachat présumé des Rentes s'élèverait au moins, pendant l'exercice 1825, à la somme de francs............ 3,624,867

Tandis que cette Caisse, avec la même dotation, agissant avec limite au pair des Rentes, n'amortirait au plus que la somme de francs......... 2,890,717

D'où il résulterait une différence en moins de francs............... 734,150

de Rente, représentant un capital de 14,683,000 francs, et conséquemment une perte énorme au détriment des contribuables.

Voir à cet égard les Tables n°ˢ I°ʳ et II de l'Amortissement présumé des Rentes, qui déterminent, avec toute l'exactitude possible, les effets de la puissance d'action de l'Amortissement, suivant les deux hypothèses.

AUX PROPRIÉTAIRES D'INSCRIPTIONS

DE RENTES CINQ POUR CENT.

La proposition de loi des Rentes a reçu la sanction de la Chambre des Pairs. On ne dira plus que ce projet attaquait le crédit public, qu'il était funeste dans ses conséquences, que son influence se ferait sentir long-temps sur toutes les industries. Cette proposition est maintenant une loi financière de l'État, et assurément très-financière.

Cette loi, adroitement combinée sous différens rapports, présente deux modes de conversions parfaitement distincts : l'un, la conversion des Rentes 5 pour 100 en Rentes à 3 pour 100, au taux de 75 francs; l'autre, leur réduction en $4\frac{1}{2}$ pour 100 au pair. On doit penser que MM. les propriétaires d'inscriptions 5 pour 100 en apprécieront les avantages, chacun pour ses intérêts personnels.

Mais quant à ceux de ces propriétaires qui désirent les conserver, qu'ils se rassurent, qu'ils dissipent leurs craintes : la loi des Rentes n'a rien d'obligatoire; elle est toute de convenance; qu'ils persévèrent dans leurs propriétés, ils en jouiront long-temps sans la moindre inquiétude. Notre situation financière, ainsi que je l'ai démontré, ne permet plus aucun moyen de remboursement. Ils sont épuisés par l'effet de la loi; la puissance ministérielle le tenterait en vain; tous ses efforts seraient impuissans : on n'attaque jamais en vain le crédit public.

La force des choses, qui se joue de toutes les combinaisons qu'enfante l'orgueil de l'esprit humain, est aussi une puissance, et une puissance à l'action de laquelle on ne résiste pas long-temps. Combien de Ministres, dans le court espace de dix ans, se sont rapidement éclipsés !

CONCLUSION.

Ce que l'esprit le plus pénétrant aurait de la peine à concevoir se démontre avec le secours des hautes sciences; c'est aussi par la langue des calculs qu'on arrive à des résultats évidens.

Nous avons employé ces moyens et les formes de la comptabilité pour établir, avec toute l'exactitude possible, la situation actuelle de nos finances.

Par un moyen extrêmement simple dans son application, nous avons établi quelle est la puissance d'action de l'Amortissement suivant deux hypothèses.

La Table N° Ier présente la puissance d'action de l'amortissement, agissant avec limite au pair des Rentes.

La Table n° II présente son action agissant avec toute sa force.

Il résulte, ainsi que nous l'avons établi, de la comparaison des deux systèmes, une différence en moins d'un cinquième environ, suivant le système avec limite au pair des Rentes.

Le Ministre des finances ayant adopté ce dernier système, et l'article 3 de la loi des Rentes l'ayant consacré en principe, il en résulte que l'impôt, principe de l'Amortissement, sera grevé, pendant six ans que doit durer l'exécution de cette loi, d'un excédant de Dépenses de la somme présumée de 78,145,180 francs, dont le moyen terme est chaque année de la somme de 13,024,197 francs en pure perte au détriment des contribuables.

D'où l'on pourrait conclure, avec quelque certitude, que l'art de bien administrer les finances consiste à maintenir l'équilibre entre toutes les natures des Rentes.

Comme aussi que le Ministre des finances nous paraît s'être trompé, en adoptant pour principe de la réduction des Rentes, au lieu du nombre 4 que détermine l'équation, le nombre 3 comme moyen terme de toutes les natures de Rentes, qui constituent la richesse de la France, avec d'autant plus de raison, que le nombre 4 est le prix moyen de l'argent, et qu'il importait, pour maintenir le crédit public, de conserver l'harmonie des rapports entre l'intérêt du gouvernement et l'intérêt des particuliers.

Nous devons donc désirer, dans l'intérêt des malheureux contribuables, que la majeure partie des conversions, autorisées par cette loi, s'effectue en $4\frac{1}{2}$ pour 100; alors son effet serait moins sensible.

Les résultats que nous avons obtenus nous paraissent tellement importans, que nous nous empressons de publier l'ouvrage qui les constate. Nous avons la confiance de penser qu'ils ne seront pas sans intérêt pour le public, qu'ils seront utiles à tous ceux qui sont employés dans les administrations financières; aux hommes d'état, à tous ceux enfin qui s'occupent de l'influence qu'exerce la puissance du crédit public sur l'effort politique.

Nous savons, et l'expérience le confirme chaque jour, de quelle influence est l'autorité des Ministres en matière de finances; mais nous savons aussi qu'elle cède à l'évidence.

Le public jugera si nous avons trop présumé de nos moyens; nous aurons fait beaucoup si d'autres font mieux.

FIN.

www.ingramcontent.com/pod-product-compliance
Lightning Source LLC
Chambersburg PA
CBHW060637050426
42451CB00012B/2633